Eike KOPF

Kontribuaĵo al la historio de la teorio de la socialismo

Eike KOPF

Kontribuaĵo
al la historio
de la teorio de la socialismo

Eike KOPF

Kontribuaĵo al la historio de la teorio de la socialismo

Monda Asembleo Socia (MAS)

Eike KOPF

Kontribuaĵo al la historio de la teorio de la socialismo

Elgermanigita de Vilhelmo Lutermano
Embres-et-Castelmaure
Monda Asembleo Socia (MAS)
2022
ISBN 978-2-36960-304-7

(= MAS-libro n-ro 280)

Tradukita el
Marxistische Blätter
Beilage zu Ausgabe 1_2022
Neue Impulse Verlag
Hoffnungsstraße 18
45127 Essen
info@neue-impulse-verlag.de
www.neue-impulse-verlag.de

Enhavotabelo

Eike Kopf: Kontribuaĵo al la historio de la teorio de la socialismo

Okupiĝi pri la historio de la teorio de la socialismo signifas akiri la idee evidentan klarecon pri la elformiĝo, estiĝo kaj evoluo de la socia formacio, kiu sekvas al la kapitalisma.

Post kiam la Ĝenerala Germana Laborista Asocio[1], fondita de Ferdinando Lasalo[2] kaj la Socialdemokrata Partio de Germanujo[3], fondita en Aŭgusto 1869 de Aŭgusto Bebelo kaj Vilhelmo Libkneĥto[4], en Majo 1875 en Gotao[5] unuiĝis, necesis redakti programon por la nova germana laborista partio. Markso en Londono ĝis sia naskiĝtago la 5-an de Majo 1875 verkis siajn marĝenajn rimarkojn pri la malneto de la koalicia programo de la germana laborista partio, plej ofte konatajn kiel "Kritiko de la Gotaa Programo"[6]. "Kritiko" aŭ "negacio" en la lingvo-uzo plej ofte havas negativan kromguston. Fakte, el dialektika faka vidpunkto, *kritiko* havas tri signifojn: 1-e la negadon, la rifuzon de neuzeblaj elementoj; 2-e la konservadon aŭ daŭrigon de uzeblaj elementoj kaj 3-e la emfazadon aŭ pli fortan valorigon de novaj elementoj kiuj estas disvolvendaj. La enhava kaj formala plibonigo de malnetoj aŭ konceptoj, ekz-e la pritranĉado kaj greftado ("nobligado") de fruktarboj aŭ la edukado kaj klerigado de homoj, estas formoj de konstruema kritiko.

---

1 Originale: *Allgemeiner Deutscher Arbeiterverein (ADAV).*

2 Originale: *Ferdinand Lassalle.*

3 Originale: *Sozialdemokratische Partei Deutschlands (SPD).*

4 Originale: *August Bebel* kaj *Wilhelm Liebknecht*, respektive.

5 Originale: *Gotha.*

6 En Esperanto: Karlo Markso: Kritiko de la Gotaa Programo. Kun antaŭparolo de Frederiko Engelso, la letero al Bracke kaj la letero de Engelso al Bebelo. (= MAS-libro n-ro 13a).

* * *

Unue ni difinu la logikan lokon de la temo. La filozofia instruo de la marksismo-leninismo (en la sekvo mallonge: marksismo) konsistas el la materiismo, la dialektiko kaj la ekkonteorio.

Nia temo apartenas al la dialektika-materiisma ekkonteorio. Ni kapablas ekkoni objektivan realon (aŭ materion). La objektiva realo materie efikas per instigoj al niaj sensorganoj, kion ni spertas per sentoj kaj perceptoj kaj spegulas per nocioj. Ni povas uzi nociojn, juĝojn (kombinitajn nociojn) kaj konkludojn (kombinitajn juĝojn) por starigi hipotezojn kaj por teorioj (bazitaj sciencaj konsideroj).

Se ni uzas teorion kiel instrukcion, rimedon aŭ serion de esplorpaŝoj, prezentadojn aŭ uzindikojn, tiam ni uzas ĝin kiel metodon. Ankaŭ Karlo Markso kaj Frederiko Engelso disvolvis ekkonojn pri la rilato de teorio kaj metodo kaj per siaj teoriaj ekkonoj donis al ni gravajn metodajn instrukciojn. Ni povas kontroli jenon:

La historia kaj logika deirpunkto de Karlo Markso kaj Frederiko Engelso, Vladimir Iljiĉ Lenino kaj Mao Zedong[7] kaj de kromaj marksistoj estis la strebado – kaj devas esti strebado ankaŭ nia –, ke teorio devas helpi *la homojn kiuj vivas per la vendo de sia laborforto*. La laborista klaso kiel tutaĵo kun siaj gvidantaroj unuflanke kaj la teorio, speciale la filozofio,

7 Vidu la multajn indikojn, ke komunistoj devas zorgi pri la granda plimulto de la popolo, en la paroladoj de Mao Zedong en la konferenco pri demandoj de literaturo kaj arto en Yan'an la 2-an kaj 23-an de Majo 1942. En: [germana eldono]: Mao Tsetung: Ausgewählte Schriften. Dietz Verlag, Berlin, 1954, Bd. 1.
– En Esperanto: Maŭ Zedong: Servu al la Popolo. Unua eldono, 1966, 16 paĝetoj, 1Es-670. Krome en: Maŭ Zedong: Servu al la Popolo; Memore al Norman Bethune; Montotranslokigo Fare de Malsaĝa Avo. Unua eldono, 1968. 16 paĝetoj, 1Es-732. -vl

aliflanke, devas havi bonan interrilaton kvazaŭ de koro kaj kapo (menso). Markso, en la aŭtuno de 1844 en sia enkonduko al "Kontribuaĵo al la kritiko de la hegela jurfilozofio", montris sian starpunkton jene: "En Germanio nenia speco de servuto rompeblas sen rompi ĉian specon de servuto. La ĝisfundema Germanio ne povas revolucii sen revolucii ĝisfunde. La emancipiĝo de la germano estas la emancipiĝo de la homo. La kapo de tiu emancipiĝo estas la filozofio, ĝia koro la proletaro. La filozofio ne povas realiĝi sen dissolvo de la proletaro, la proletaro ne povas dissolviĝi sen la realigo de la filozofio."[8]

Unu el la konkludoj tekstas, ke ni sur filozofia nivelo devas konsideri la interrilaton de la *homo* kun la *naturo*. *La fundamenta rilato de la homo kun la naturo*, la alproprigo de la naturo estas la ekonomia rilato, tio signifas, labori kaj produkti la rimedojn por vivi, la ekzistadrimedojn. Markso skribis en 1844 en siaj ekonomiaj-filozofiaj manuskriptoj por sia planita verko "Kontribuaĵo al la kritiko de la politiko kaj nacia ekonomio [ekonomiko -vl]":

> "La laboristo povas krei nenion sen la *naturo*; sen la *sensa ekstera mondo*. Ĝi estas la materialo, per kiu lia laboro realiĝas, en kiu ĝi agas, el kiu kaj pere de kiu ĝi produktas."[9]

Per aliaj vortoj: La homo, la laboristo alproprigas al si la eksteran mondon aŭ la sensan naturon unuavice per sia

8 Karlo Markso: Kontribuaĵo al la kritiko de la hegela jurfilozofio. Enkonduko. En: Karlo Markso: Kontribuaĵo al la kritiko de la hegela jurfilozofio. Enkonduko; Kontribuaĵo al la kritiko de la politika ekonomio. Antaŭparolo. Kun teksto de Jozefo Ŝlejfŝtejno. Elgermanigitaj de Vilhelmo Lutermano. [Embres-et-Castelmaure], Monda Asembleo Socia (MAS), 2010nISBN 978-2-918300-38-022., p. 22. -vl

9 Karl Marx: Ökonomisch-philosophische Manuskripte (1844). En: MEW, vol. 40, p. 512.

laboro. Aliaj formoj de alproprigo de la ekstera mondo aŭ de la naturo estas ekz-e la politika, aŭ jura, la morala, la arta, la religia kaj la scienca (speciale filozofia) alproprigo de la ekstera mondo aŭ naturo. *(Pri tio poste pli!)*

Nia rilato kun nia ekstera mondo devas esti rilato aktiva. Kiel tiu ĉi rilato evoluis en la vivo de Markso? En Aŭgusto de 1835 li verkis la eseon por la fako *germana* en la bakalaŭra ekzameno ĉe la Reĝa gimnazio Frederiko Vilhelmo la 3-a en Treviro "Konsideroj de junulo ĉe la elekto de sia profesio". La 17-jara Markso skribis ekz-e:

> "Al la besto la naturo mem difinis la kadron de ĝia efikado, en kiu ĝi aktivu, kaj trankvile ĝi finas ĝin sen strebi transen de ĝi, sen eĉ nur supozi ian alian. Ankaŭ al la homo la diaĵo [ĉi tie alia esprimo por naturo -ek] donis ĝeneralan celon, nobligi la homojn kaj sin mem, sed ĝi lasis al li elekti la starpunkton en la socio, kiu estas por li la plej taŭga, de kiu li povas plej bone levi sin kaj la socion. […]"[10]
>
> Sed ni ne povas ĉiam akiri la pozicion, pri kiu ni kredas nin alvokitaj; niaj rilatoj en la socio jam iom komenciĝis antaŭ ol ni kapablas ilin determini. […]"[11]
>
> La historio nomas tiujn la plej grandaj homoj, kiuj, efikante por la ĝeneralaĵo, nobligis sin mem; la sperto laŭdas tiun kiel la plej feliĉan, kiu feliĉigis la plej multajn. […]"[12]
>
> Kiam ni elektis tiun pozicion, en kiu ni povas plej efiki por la homaro, tiam ŝarĝoj ne povas nin

10 Karl Marx: Deutscher Aufsatz. En: MEW, vol. 40, p. 591.
11 Saml., p. 592.
12 Saml., p. 594.

> klinigi, ĉar ili estas nur oferoj por ĉiuj; tiam ni ne ĝuas kompatindan, limigitan, memisman ĝojon, sed nia feliĉo apartenas al milionoj, niaj faroj vivas plu silente, sed eterne efikante, kaj niaj cindroj malsekiĝos per ardaj larmoj de noblaj homoj."[13]

Kion ni povas ekkoni? La edukaj influoj de la gepatroj, amikoj kaj instruistoj kondukis Markson al la starpunkto: Ni ne havu pasivan rilaton al la naturo, al la mondo kaj al la homoj, sed aktivan, helpeman kaj kritikan, do transforman aŭ reforman rilaton!

Por junuloj tiu tempo en Germanujo estis la erao de burĝa *kritiko* je la feŭda socio. Tiu erao estis enkondukita de la germana burĝa filozofo Kantio (germane: Immanuel Kant, 1724 – 1804), nome per lia *Kritiko de la pura racio* (1781, 1787), per lia *Kritiko de la praktika racio* (1788) kaj la *Kritiko de la juĝkapablo* (1790). Tiuj ĉi verkoj estis lia respondo al la tri filozofiaj ĉefaj demandoj: Kion mi povas scii? Kion mi povas fari? Kion mi povas esperi? Mi pensas, ke ni povas meti tiujn ĉi demandojn en la sekvan filozofian logikan ordon:

1. Kion mi povas scii? (Ni devas studi la leĝojn en la naturo, en la homa socio kaj en la pensado!)
2. Kion mi povas esperi? (Ni devas studi la evoluon, la dialektikon kaj laŭeble trovi, kiuj eblecoj de evoluo ekzistas!)
3. Kion do mi povas fari? (Ni devas klopodi por realigi la deziratan evolueblecon!)

La intenco de Kantio estis disvolvi la filozofion same kiel la matematikon kaj la natursciencojn per solidaj kriterioj (nocioj), metodoj kaj leĝoj, kiuj estu agnoskataj de ĉiuj filozofoj. Tiucele la tuta antaŭa sciado de la filozofio, ekz-e la

---

13 Saml.

ĝeneralaj ideoj de la "monda tutaĵo", "dio" kaj "homo" estu ekzamenataj antaŭ la juĝejo de la racio. En la fluo de sia kritika esplorado de la filozofia ideo "monda tutaĵo" Kantio trovis kvar fundamentajn "*antinomiojn*, antagonismojn, kontraŭdirojn, kontraŭecojn", kio por Kantio estis malbona rezulto. La germana burĝa filozofo, kiu sekvis al Kantio, nome Hegelo[14] en sia granda verko "Scienco de logiko" demandis: Kial la rezulto estas malbona? Kaj kial ekzistu nur kvar kontraŭdiroj? Ĉie en la mondo estas kontraŭdiroj. Kontraŭdiroj estas la impulso de la vivo kaj de la evoluo.

Ni ne forgesu: La feŭda Rejn-provinco, kie Markso ekde 1818 vivis en la najbareco de Francujo, estis la plej progresema provinco de Prusujo. La politikaj, juraj kaj ideologiaj efikoj de la burĝa Granda Franca Revolucio 1789 – 1794 estis fortaj. Kaj oni devas memorigi tion, kion Markso en 1858 skribis al Engelso: "La vera tasko de la burĝa socio estas la estigo de la mondmerkato, almenaŭ laŭ ties konturoj, kaj de produktado kiu baziĝas sur ĝi."[15] Jen la mondhistoria funkcio de la burĝa klaso, de la burĝaro. Tiujn influojn Markso povis observi en la Rejn-provinco kun la ĉefurbo Kolonjo.

Rerigardante al tiuj jaroj antaŭ la germana burĝa revolucio de 1848/49, Engelso en 1886 skribis:

> "kaj en la tiama teoria Germanujo precipe du aferoj estis praktikaj: la religio kaj la politiko. Tiu, kiu metis la ĉefan pezon sur la hegelan *sistemon*, tiu povis esti sufiĉe konservativa sur ambaŭ kampoj; tiu, kiu vidis la ĉefan aferon en la dialektika metodo, tiu povis religie same kiel politike aparteni al la plej ekstrema opozicio. [...] Jen venis la "Esenco de la kristanismo" de

14 Originale: *Georg Wilhelm Friedrich Hegel* (1770 – 1831).

15 Marx an Engels [Markso al Engelso], 8-an de Oktobro 1858. En: MEW, vol. 29, p. 360.

> Fojerbaĥo, ĝi *unufrape* dispolvigis la kontraŭdiron, per tio ke ĝi senhezite ree surtronigis la materiismon. La naturo ekzistas sendepende de ĉia filozofio; ĝi estas la bazo, sur kiu ni homoj – naturproduktoj mem – elkreskis; krom la naturo kaj la homoj ekzistas nenio; kaj la pli altaj estaĵoj, kiujn kreis nia religia fantazio, estas nur la fantasta spegulaĵo de nia propra esenco. [...] En tiu momento ni ĉiuj estis fojerbaĥanoj."[16]

Se ni povus demandi al Markso, kiun profesion li havis, li respondus: kritikisto. La fojerbaĥa kritiko de la religio estis la kaŭzo por la konstato de Markso: "Por Germanujo la kritiko de la religio estis esence finita, kaj la kritiko de la religio estas la antaŭkondiĉo de ĉia kritiko." Por Markso restis ankoraŭ la kritiko pri la *politiko* en Prusujo. Pri la politiko Hegelo estis verkinta grandan verkon: Fundamentaj linioj de la jurfilozofio, aŭ kompendio pri naturrajto kaj ŝtatscienco.[17] Tio estis en 1843 por Markso la kialo por lia unua kritika projekto "Kontribuaĵo al la kritiko de la hegela jurfilozofio". Koncerne metodon, Markso volis ataki la feŭdisman prusan politikon (do de la ŝtato) en la formo de kritiko de la hegela jurfilozofio, speciale de la ŝtata juro. Kiel publikigan organon por tiu kritiko li celis la *Deutsch-*

16 Frederiko Engelso: Ludoviko Fojerbaĥo kaj la fino de la klasika germana filozofio. Embres-et-Castelmaure, Monda Asembleo Socia (MAS) (= MAS-libro n-ro 56), p. 17.

17 Georg Wilhelm Friedrich Hegel: Grundlinien der Philosophie des Rechts, oder Naturrecht und Staatswissenschaft im Grundrisse. En: Werke. Berlin 1831 sj, vol. 8. Vd ankaŭ la manuskripton de Karlo Markso "Zur Kritik der Hegelschen Rechtsphilosophie [Kritik des Hegelschen Rechtsstaats], en: MEW, vol. 1, p. 201-333. Vd en Esperanto Karlo Markso: Kontribuaĵo al la kritiko de la hegela jurfilozofio. Enkonduko; Kontribuaĵo al la kritiko de la politika ekonomio. Antaŭparolo. Kun teksto de Jozefo Ŝlejfŝtejno. Elgermanigitaj de Vilhelmo Lutermano Monda Asembleo Socia (MAS), 2010, 44 p., ISBN 978-2-918300-38-0

Französische Jahrbücher [Germanaj-francaj jarlibroj] eldonotajn de Markso kaj de la junhegelano Arnold Ruge.

Markso verkis por tiu kritiko la Enkondukon:

> "La homo, tio estas *la mondo de la homo*, ŝtato, socio. Tiu ŝtato, tiu socio produktas la religion, *inversigitan mondkonscion*, ĉar ili estas *inversigita mondo*. [...] La batalo kontraŭ la religio estas do malrekte la batalo k*ontraŭ tiu mondo*, kies spirita aromo estas la religio. [...] La kritiko de la Ĉielo per tio transformiĝas en la kritikon de la Tero, *la kritiko de la religio* en la *kritikon de la juro*, la *kritiko de la teologio* en la *kritikon de la politiko*. [...] La armilo de la kritiko tamen ne povas anstataŭi la kritikon de la armiloj, la materia forto estas faligenda per materia forto, sed ankaŭ la teorio fariĝas materia forto, ekde kiam ĝi atingas la amasojn. La teorio kapablas atingi la amasojn, ekde kiam ĝi demonstras ĉe la homo, kaj ĝi demonstras ĉe la homo, ekde kiam ĝi fariĝas radikala. Esti radikala estas kapti la aferon ĉe la radiko. Sed la radiko por la homo estas la homo mem. [...] La kritiko de la religio finiĝas per la instruo, ke la homo estas la plej alta estaĵo por la homo, do kun la kategoria imperativo renversi ĉiujn rilatojn, en kiuj la homo estas humiligita, servutigita, forlasita, malestimata estulo. [...]"[18]

Por Markso la kritiko estis la *praktika* transformado, la precipa senco, la baza enhavo de la *metodo*, same kiel la kritiko pri sovaĝa aŭ ŝiranta rivero troviĝas en ĝia reguligado aŭ la kritiko ĉe la eta infano konsistas en ĝia bona edukado.

18 Saml., p. 15.

En la sama tempo, komence de 1844, Engelso en la angla Manĉestro verkis "Konturoj pri kritiko de nacia ekonomio", kiujn li sendis al la kuneditoro de la Germanaj-francaj jarlibroj, Markso, al Parizo. En tiuj tekstas interalie:

> "Sed la ekonomikisto mem ne scias, [...] ke li kun ĉia sia egoisma pripensado tamen estiĝas nur membro en la ĉeno de la ĝenerala progreso de la homaro. Li ne scias, ke li per la nuligo de ĉiaj apartaj interesoj nur trabatas la vojon por la granda transformado, kiun la jarcento alpaŝas, la repaciĝo de la homaro kun la naturo kaj kun si mem."[19]

> "Ni havas do du elementojn de produktado, la naturon kaj la homon, kaj la lastan siavice korpe kaj mense en agado, kaj ni nun povas reveni al la ekonomikisto kaj liaj produktadkostoj."[20]

> "La kroma sekvo de la privata proprieto estis fendiĝo de la produktado en du kontraŭajn flankojn, en la naturan kaj la homan; la grundon, kiu sen la fekundado fare de la homo restas mortinta kaj sterila, kaj la homan agadon, kies unua kondiĉo estas ĝuste la grundo."[21]

En sia eseo "La situacio de Anglujo. 'Past and Present' de Carlyle", kiun Engelso igis Markson publikigi ankaŭ en la samaj Germanaj-francaj Jarlinbroj, li postulis "la unuecon de la homo kun la naturo kaj de la libera, memaganta kreitaĵo de nova mondo bazita sur pure homaj, moralaj vivkondiĉoj."[22]

---

19 Friedrich Engels: Umrisse zu einer Kritik der Nationalökonomie. En: MEW, vol. 1, p. 505.

20 Saml., p. 509.

21 Saml., p. 513.

22 Friedrich Engels: Die Lage Englands. Thomas Carlyle's "Past and Present". En: MEW, vo.. 1, p. 546.

Markso komencis studi la verkojn de ekonomikistoj, kiujn Engelso estis menciinta.[23] Markso nun komprenis, ke ne la politikaj kaj juraj, sed la ekonomiaj kondiĉoj estas la fundamentaj rilatoj en la socio. Li rezignis pri sia unua kritika projekto kaj en 1844 planis *duan* kritikan projekton: "Kritiko de la politiko kaj de la nacia ekonomio". Por tiu planita verko kaj por la kontrakto farita en Februaro de 1845 kun la darmstadt-a eldonisto Carl Leske[24] Markso en 1844 ellaboris tiel nomatajn ekonomiajn-filozofiajn manuskriptojn.[25] De Aŭgusto ĝis Decembro de 1844 li kun Engelso verkis la libron "La sankta familio, aŭ Kritiko de la kritika kritiko. Kontraŭ Bruno Bauer & komplicoj".[26] Tiu estis la unua komuna verko de Markso kaj Engelso. Ili verkis pri la malfondo de la filozofia hegela skolo, speciale de la junhegelanoj. La libro aperis en Frankfurto ĉe Majno en Februaro de 1845 kaj estis la tria kritika projekto kaj samtempe la unua publikigita libro de Markso kaj Engelso.

Engelso de Septembro 1844 ĝis Marto 1845 verkis sian duan libron "La situacio de la laboranta klaso en Anglujo. Laŭ propra observado kaj aŭtentaj fontoj"[27], kiu aperis en Majo 1845 en Lepsiko. Tiu libro estis fundamenta kritiko de la malbona situacio de la angla laborista klaso kaj samtempe, dum 22 jaroj, do ĝis la apero de la unua volumo de *La kapitalo* de Markso en la jaro 1867, ĝi estis la plej grava fonto por la teorio kaj metodo de la internacia laborista movado.

---

23 Vd ekz-e de Markso: Eltiraĵoj el la libro de James Mill: "Éléments d'économie politique", Trad. De J. T. Parisot, Parizo 1823, en: MEW, vol. 40, p. 443-463 kaj notojn 94, 96 kaj 97.

24

25

26 Friedrich Engels und Karl Marx: Die heilige Familie, oder Kritik der kritischen Kritik. Gegen Bruno Bauer & Consorten. En: MEW, vol. 2, p. 223.

27 Friedrich Engels: Die Lage der arbeitenden Klasse in England. Nach eigener Anschauung und authentischen Quellen. En: MEW, vol. 2, p. 225-506.

En Novembro de 1844 Engelso turnis sin al Markso: Li legis presprovaĵojn de la libro de Max Stirner "La solulo kaj lia proprieto" kaj skribis:

> "Tiu egoismo estas nur la konsciiĝinta esenco de la nuna socio kaj de la nuna homo [...]. Ni ne ĵetu ĝin flanken, sed [...] konstruu sur ĝi, per tio ke ni ĝin *inversigu*. [...] [Tio estis metoda indiko, pliaj sekvos! -ek] Sed tion, kio en la papero estas vera, ni devas ankaŭ alpreni. Kaj en ĝi ja veras, ke ni devas unue alproprigi al ni aferon antaŭ ol povi fari ion por ĝi – do ke ni tiusence [...] estas komunistoj ankaŭ pro egoismo, ankaŭ pro egoismo ni volas esti *homoj*, ne nur individuoj. Aŭ, por esprimi min alie: St[irner] pravas, kiam li rifuzas 'la homon' de Fojerbaĥo [...], F[ojerbaĥo] venis de Dio al la homo [...]. La vera vojo por veni al la 'homo' estas la inversa. Ni devas deiri de la Mio, de la empiria, korpa individuo, por de tie [...] levi nin al 'la homo' [...]. Estas ja io tute alia, se oni okupiĝas pri [...] realaj, vivantaj aferoj, pri historiaj evoluoj kaj rezultoj. Tio estas almenaŭ la plej bona, tiom longe kiom ni ankoraŭ dependas sole de uzado de la skribplumo kaj ne povas realigi niajn ideojn rekte per la manoj aŭ, se necese, per la pugnoj."[28]

Sekvante tiun ĉi proponon, Markso kaj Engelso ekde Septembro 1845 en Bruselo komencis verki "La germana ideologio". Ĝi fariĝis komuna verko kaj samtempe la *kvara* kritika projekto de Markso, kun la subtitolo: "Kritiko de la plej nova germana filozofio en ĝiaj reprezentantoj Fojerbaĥo, B. Bauer kaj Stirner, kaj de la germana socialismo en ĝiaj

---

28 Engelso al Markso, la 19-an de Novembro 1844, en: MEW, vol. 27, p. 11s.

diversaj profetoj".[29] Sed nek la marksa projekto "Kritiko de la politiko kaj nacia ekonomio" nek la marksa kaj engelsa komuna laboraĵo "La germana ideologio [...] estis publikigita. La polemiko de Markso "La mizero de la filozofio. Respondo al Prudono: «La filozofio de la mizero»"[30] de franca socialisto, estis la *kvina* kritika projekto de Markso. En tiu libro – verkita en la franca – Markso daŭrigis sian kritikon de la ekonomiaj opinioj de Prudono el la "Sankta familio"[31] kaj de ties nekomprenon pri uzvaloro, ŝanĝvaloro, mono, laborplusaĵo[32] kaj la interrilaton de filozofio kaj politika ekonomio.[33] Tiu ĉi kritiko, la fondo de la *Ligo de komunistoj* kaj la malneto de la "Manifesto de la Komunista Partio"[34] kaj la multaj artikoloj pri la burĝaj revolucioj en eŭropaj landoj en 1848/49 postulis multan tempon.

Post la revolucio Markso en 1949 komencis en Londono siajn esplorojn por sia sesa kritika projekto, la fine granda

29 Vd Karl Marx und Friedrich Engels: Die deutsche Ideologie. En: MEW, vol. 3, p. 9.

30 Vd Karl Marx: Das Elend der Philosophie. En: MEW, vol. 4, p. 63-182. En Esperanto:
Karlo Markso: La mizero de la filozofio. Respondo al Prudono: „La filozofio de la mizero". Kun antaŭparoloj de Frederiko Engelso kaj de Henri Mougin: Pri J. P. Prudono (Letero al J. B. v. Schweitzer). Tradukitaj de Vilhelmo Lutermano. Monda Asembleo Socia (MAS), Embres-et-Castelmaure, 2009, ISBN 978-2-918300-08-3.

31 Vd Friedrich Engels und Karl Marx: Die heilige Familie, ĉap. IV, 4) Proudhon (de Markso). En: MEW, vol. 2, p. 23-56.

32 Vd la unuan ĉapitron: Eine wissenschaftliche Entdeckung [Scienca malkovraĵo]. En: MEW, vol. 2, p. 67-174.

33 Vd la duan ĉapitron: Die Metaphysik dr politischen Ökonomie [La metafiziko de la politika ekonomio]. En: MEW, vol. 2, p. 125-182.

34 Vd Karl Marx / Friedrich Engels: Manifest der Kommunistischen Partei. En: MEW, vol. 4, p. 459-493.
En Esperanto: Karlo Markso kaj Frederiko Engelso: Manifesto de la Komunista Partio kun enkonduko de *Eric Hobsbawm* tradukitaj de Vilhelmo Lutermano. Monda Asembleo Socia (MAS), Embres-et-Castelmaure, 2015, ISBN 978-2-36960-015-2 (= MAS-libro n-ro 100).

verko *"Kritiko de la politika ekonomio"* (Ni ne forgesu: la kritikon kiel metodon!).

En 1859, en la antaŭparolo al "Kontribuaĵo al la kritiko de la politika ekonomio. Unua kajero" Markso publikigis sian finan planon: "Mi konsideras la sistemon de la burĝa ekonomio en tiu ĉi sinsekvo: [1.] *kapitalo*, [2.] *grundproprieto*, [3.] *dunglaboro*, [4.] *ŝtato*, [5.] *ekstera* komerco, [6.] *mondkomerkato*. Sub la tri unuaj kategorioj mi esploras la ekonomiajn vivkondiĉojn de la tri grandaj klasoj, en kiuj la moderna burĝa socio dividiĝas; la interrilato de la tri ceteraj kategorioj evidentas."[35] De tiu ĉi plano (sistemo) Markso realigis nur la nomitan libron [1.] *kapitalo*, t.e. pri la produktadprocezo, en la germana 1867 kaj 1872/73 kaj en la franca 1873-75.[36]

La cirkuladprocezo (volumo 2) de *La kapitalo* en la germana 1885 kaj 1893[37] kaj *La ĉioma procezo de la kapitalisma produktado* (volumo 3) de *La kapitalo* en la germana en 1894[38] estis eldonitaj de Frederiko Engelso laŭ la manuskriptoj de Markso. La *Teorioj pri la plusvaloro* (volumo 4 kiel historia parto de La kapitalo en tri partoj en la germana, en 1905 kaj 1920) estis eldonitaj laŭ la manuskriptoj de Markso

---

35 Karl Marx: Zur Kritik der Politischen Ökonomie. Vorwort. En: MEW, vol. 13, p. 7 (La ciferoj en rektaj krampoj de -ek)
En Esperanto: Karlo Markso: Kontribuaĵo al la kritiko de la politika ekonomio. Antaŭparolo. En: Karlo Markso: Kontribuaĵo al la kritiko de la politika ekonomio. Antaŭparolo kaj Enkonduko. Elgermanigitaj de Vilhelmo Lutermano. Embres-et-Castelmaure, Monda Asembleo Socia (MAS), 2020. ISBN 978-2-36960-240-8 (= MAS-libro n-ro 252).

36 Vd MEW, vol. 23. En Esperanto:
Karlo Markso: La kapitalo. Volumo 1 Kritiko de la politika ekonomio. Libro I: La produktadprocezo de la kapitalo. Elgermanigita de Vilhelmo Lutermano. 3-a, reviziita eldono. Monda Asembleo Socia (MAS), 2016, ISBN 978-2-36960-071-8 (= MAS-libro n-ro 166).

37 Vd MEW, vol. 24.

38 Vd MEW, vol. 25.

de Karlo Kaŭcko[39]. Tiu estis la unua el la supre menciitaj ses partoj. Ĝi estis publikigita sub la titolo: *Das Kapital. Kritik der politischen Ökonomie* [La kapitalo. Kritiko de la politika ekonomio]. Ĉio ĉi estas ekonomio, tio signifas: la reala bazo de la homa socio, sur kiu fine evoluas la socia strukturo (klasoj kaj tavoloj), la politiko, la juro, la moralo, la religio, la arto, la unuopaj sciencoj kaj la filozofio kiel niveloj de la superstrukturo.

Ideologio aŭ mondpercepto efikas nur se ĝi povas disvolvi ĉiujn aferojn kaj rilatojn unuece, per aliaj vortoj, ekde deirpunkto. Unuisma ["monisma"] ideologio havas pli grandan efikon aŭ impresas pli profunde ol ideologio duisma aŭ eĉ plurisma. Deirpunkto de la marksismo estas la ekkono: Ekzistas 1-e objektiva realo (materio), kiu 2-e ekzistas en interrilatoj kaj moviĝo, kiu 3-e estas de ni ekkonebla kaj laŭcele ŝanĝebla.

La tri filozofiaj elementoj de la filozofio de la marksismo resp. de la dialektika materiismo estas:
1. filozofia matriismo;
2. materiisma dialektiko;
3. dialektika-materiisma ekkonteorio. (Tiu ĉi lasta elemento ligas la filozofion kun la praktiko.)

Se ni aplikas tiujn ĉi tri filozofiajn teoriojn al la analizado de la homa socio, tiam ni ricevas la respondajn elementojn de la ĝenerala marksisma sociologio aŭ la tiel nomatan historian materiismon:
4. socia estado kaj ĝiaj strukturoj;
5. socia estado kaj ĝiaj ŝanĝiĝoj;
6. socia konscio kaj ĝiaj formoj.

En la ĝenerala marksisma sociologio la plej grava ekkono estis la historia fakto, ke la homaro ekzistas en ekonomiaj

39 Karlo Kaŭcko, en la germana: Karl Kautsky. -vl

sociformacioj. Tiuj sociformacioj ekzistas en la landoj space (strukturoj) kaj en tempospacoj. Tio signifas, ne nur en la naturo, sed ankaŭ en la homa socio ekzistas objektivaj leĝoj.

Oni rigardu la sekvan skemon de la strukturo de socia formacio kun klasoj (do ankaŭ de la socialismo). En la sekva skemo – kiel Markso skribis en la postparolo al la 1-a volumo de *La kapitalo* en 1873 – "nun idee spegulas la vivo de la materio, tiel povas aspekti kvazaŭ temus pri apriora konstruaĵo."[40]

Kiam gvidantoj sur centraj aŭ lokaj niveloj konsideras tiun teorian scion, tiam ili havas utilan rigardon al la strukturoj kaj al la ĉefaj kampoj de sia socia laborloko kaj al la interrilatoj.

Engelso pri tio skribis al Borgius en 1894: "Per *la ekonomiaj rilatoj*, kiujn ni [Markso kaj Engelso -ek] konsideras kiel decidan bazon de la historio de la socio, ni komprenas la manieron, per kiu la homoj de certa socio produktas sian vivtenadon kaj interŝanĝas siajn produktojn (tiom, kiom labordivido ekzistas). Do, inkluzive de *la tuta teĥniko* de la produktado kaj de la transporto. Tiu teĥniko, laŭ nia opinio, determinas ankaŭ la manieron de la interŝangado, krome de la distribuado de la produktoj kaj per tio, post dissolviĝo de la gento-socio, ankaŭ la ordiĝon de klasoj, per tio la rilatojn de mastraro kaj servantaro, per tio ŝtaton, politikon, juron ktp. Krome la ekonomiaj interrilatoj entenas la *geografian bazon*, sur kiu ili okazas, kaj la efektive tradiciitajn restaĵojn de antaŭaj ekonomiaj evoluŝtupoj, kiuj daŭre konserviĝis,

40 Karl Marx: Nachwort zur zweiten Auflage des "Kapital", Bd. 1, en: MEW, vol. 23, p. 27. En Esperanto:
Karlo Markso: Postparolo al la dua eldono de *La kapitalo*. En: MAS-libro n-ro 166, p. 30s.

ofte nur per tradicio aŭ per inerto, kompreneble ankaŭ la medio, kiu ekstere ĉirkaŭas tiun socian formacion."[41]

Deirante ĉe tiu ĉi filozofia deirpunkto, Markso kaj Engelso en sia analizo de la homa socio disvolvis kaj uzis sekvajn teoriajn poziciojn, kiujn ni hodiaŭ daŭre povas apliki:
a) *materiismon* (Rigardu la fakton realisme; serĉu "la veron en la faktoj", kion postulis jam Mao Zedong!);

b) *dialektikon* (Ekzamenu, sub kiaj cirkonstancoj la koncerna afero estiĝis kaj evoluis!);

41 Engels an W. Borgius, la 25-an de Januaro 1894, en: MEW, vol. 39, p. 205.

	niveloj	**Resp. institucioj**	**Resp.j agadoj**	**Formoj de socia konscio**
superstrukturo	filozofio	institutoj	Esplori, instrui	Filozofiaj ekkonoj
superstrukturo	Unuopaj sciencoj	Institutoj, laboratorioj, lernejoj	Esplori, instrui	Sciencaj ekkonoj, hipotezoj, teorioj
superstrukturo	arto	Atelieroj, teatroj, filmstudioj	Pentri, poezie verki, muziki	Bildoj, kanzonoj, filmoj, poemoj, romanoj
superstrukturo	religio	preĝejoj	Kredi, preĝi	Kredaj opinioj
superstrukturo	moralo	publikeco	kritiki, laŭdi	moroj, kutimoj
superstrukturo	juro	parlamento, tribunalo, akuzisto, krimpolico, punfarado, advokatejoj	sekvado aŭ rompado de leĝoj, klerigado, traktado kaj punado de krimoj aŭ de deliktoj	Deciditaj leĝoj kaj dekretoj, tribunalaj verdiktoj, opinioj, instruoj, teorioj pri juro kaj pri ties historio
superstrukturo	politiko	ŝtato, partioj	publika agado	politikaj instruoj, planoj
superstrukturo	socialaj aferoj	familio, loĝkomunumo, klaso	Kunlaborado, batalo, helpo, rifuzo	familia sento, solidareco, klasa starpunkto
bazo	produktad-rilatoj			
bazo	produktad-fortoj			
bazo	geografia bazo			

c) *ekkon-optimismon* (stato de aferoj aŭ problemo povas esti komplika; esploru re kaj ree kaj eble ankaŭ kune kun iuj aliaj!);

ĉ) *humanismon* (Tio, kion mi pensas kaj faras, devas esti bona por la laboranta homaro.);

d) *naturalismon* (Markso 1844: "La historio mem estas reala parto de la naturhistorio, de estiĝado de la naturo al la homo. La naturscienco poste enprenos en sin same la sciencon pri la homo kiel la scienco pri la homo la natursciencon: tio fariĝos *unu* scienco. […] La *homo* estas la rekta objekto de la natur-scienco […]. Sed la *naturo* estas la rekta objekto de la *scienco pri la homo*. La unua objekto de la homo – la homo – estas naturo […]. La *socia* realo de la naturo kaj la homa naturscienco aŭ *la natura scienco pri la homo* estas esprimoj identaj."[42] Markso kaj Engelso en 1845/46: "Ĉi tie ni ompreneble ne povas pritrakti la korpan econ de la homoj mem, nek la naturkondiĉojn trovitajn de la jomoj, la geologiajn, orohidrografiajn, klimatajn kaj aliajn kondiĉojn. Ĉia historiografio [do, sociteorio. -ek] devas deiri de tiuj ĉi naturaj bazoj kaj de iliaj modifoj fare de la homoj en la fluo de la historio."[43]

d) *specifan* ideismon (*instruon pri la individuo*) (La antaŭ-kondiĉoj, per kiuj ni komencas, "estas la realaj individuoj, ilia agado kaj iliaj materiaj vivkondiĉoj, same la antaŭe trovitaj kiel la produktitaj per propra agado, […] La unua konstatenda fakto do estas la korpa organiziteco de tiuj individuoj kaj ilia per tio donita rilato al la cetera naturo.[44] […] La ideoj, kiujn tiuj ĉi individuoj faras al si, estas ideoj aŭ pri ilia rilato al la naturo aŭ pri ilia rilato inter si, aŭ pri sia propra eco.[45] […] La produktado de la ideoj, imagoj, de la konscio estas unue rekte interligita kun la materia agado kaj

42 Karl Marx: Ökonomisch-philosophische Manuskripte [K. M.: Okonomiaj-filozofiaj manuskriptoj]. En: MEW, vol. 40, p. 544.

43 Karl Marx und Friedrich Engels: Deutsche Ideologie I, Feuerbach, en: MEW, vol. 3, p. 20s.

44 Saml., p. 20s.

45 Saml., p. 26.

kun la materia interrilato de la homoj. Lingvo de la reala vivo."[46]

f) *solidarecon, demokratiismon, komunismon* (kiel kondutmanieron, ĉar ĉiu homa individuo estas socia estulo, kiu havas almenaŭ patron kaj patrinon kaj bezonas kromajn sociajn interrilatojn, se ĝi volas sukcese elformi sian rilaton al la naturo kaj al aliaj homoj.);

g) *internaciismon* (La kapitalisma produktadmaniero ĝis la 1-a Mondmilito triumfis super la mondo, sed tio estis la historia antaŭkondiĉo por la en Ruslando en 1917 komencita triumfo de la laboro super la kapitalo, kiam la internacie unuiĝinta aŭ tutmondiĝinta kapitalo estas kontraŭbatalata de la unuiĝinta internacia laborista klaso, de la "socia ĉiomlaboristo"[47], de la "socia ĉiomlaboristo"[48] aŭ "la kombinaĵo de partlaboristoj"[49] sub "Proletoj de ĉiuj landoj, unuiĝu!"[50]).

Ĝis nun ni rigardis antaŭ ĉio la filozofian instruon de la marksismo. La rezulto de tiu ĉi instruo, ke la homa socio havas bazon kaj superstrukturon, estas la deirpunkto de la ekonomia instruo de la marksismo, t.e. de la instruo pri produktado, cirkulado, distribuado kaj konsumado de la produktoj de la homa vivo. *La kapitalo* estas la ĉefverko de Markso kaj en specifa senco ankaŭ de Engelso kiel editoro de la volumoj 2, 3 kaj de la *Teorioj pri la plusvaloro*, do de la ĉefverkoj de la marksismo. Ĝi estas parto de la mondliteratu-

---

46 Saml., p. 26.

47 Vd Karl Marx: Das Kapital, vol. I, en: MEW, vol. 23, p. 346. En Espraanto:
Karlo Markso: La kapitalo. Vol. 1, La produktadproceuo de la kapitalo. 3-a eld. isbn 978-2-36960-071-8 (= MAS-libro n-ro 166), p. 352. [En alia versio, pli ampleksa (markso-kapitalo-1-4a-eld.odt), p. 362]

48 Vd (germane) saml., p. 366. En Esperanto: 4-a eld.: p. 382

49 Vd (germane) saml., p. 407. En Esperanto: 4-a eld.: p. 423.

50 Karlo Markso kaj Frederiko Engelso: Manifesto de la Komunista Partio. […] (MAS-libro n-ro 100), p. 104.

ro. En Junio de 2013 la UNESKO enprenis la "Manifeston de la Komunista Partio" kaj la unuan volumon de *La kapitalo* en la dokumento-registron "Memoro de la homaro" ("*Memory of the World*").

Por prezentado de siaj ekonomiaj analizoj kiel filozofo kaj pli kaj pli kiel ekonomikisto Markso ellaboris tri malnetojn. La verkoj estiĝis en diskutoj kun Engelso, kiu ĝis 1870 laboris kiel entreprenisto de la teksaĵindustrio en Manĉestro.

La kapitalo gravas por la scienca ekkono de la ekonomiaj interrilatoj de la homaro. En ĝi estas analizitaj la interrilatoj ankaŭ en antaŭkapitalismaj sociformacioj. Labordivido, interŝanĝo, varoj, mono kaj sociaj klasoj resp. tavoloj ekzistas ne nur en socioj kun kapitalisma produktadmaniero. Sed antaŭ ĉio *La kapitalo* gravas por la ekkono de la esenco de socioj kun kapitalisma produktadmaniero.

La unua marksa-engelsa ĉiom-eldono de la 1920-aj kaj 1930-aj jaroj (MEGA)[51] post 1933 devis ĉesi en Germanujo. La nova historia-kritika ĉiomeldono de la verkoj de Markso kaj Engelso – MEGA[52] – ampleksos entute 114 volumojn. Ekde la jaro 1975 el tio aperis 60 volumoj. Tio signifas, ke hodiaŭ apenaŭ iu povas diri, ke li konas la tutan verkaron de tiuj du granduloj de la scienco kaj de la proletara revolucio. Mi prilaboris la lastajn eltiraĵojn kaj ekonomiajn manuskriptojn de Markso el la jaroj 1877 ĝis lia morto en Marto de 1883 por la volumoj 25 kaj 28 de la Kvara Sekcio de la MEGA.[53]

Inter tiuj materialoj troviĝis nova plano pri kiel Markso ekde 1877 volis daŭrigi la esploraĵojn por sia 6-libra plano de sia letero al Engelso de Aprilo 1858. Ĝi celas la konturojn de la unua parto pri la plano:

---

51 Marx-Engels-Gesamtausgabe [Markso-Engelso-Ĉiomeldono]. -vl

52 MEGA = Marx-Engels-Gesamtausgabe [la ĉioma eldono de Markso kaj Engelso]. -vl

53 Makso al Engelso, 1858-04-02, en: MEW, vol. 29, p. 312.

“[1.] kapitalo] Kapitalo disiĝas en 4 sekciojn. a) Kapitalo ĝenerale *(Tio ĉi estas la materialo por la unua kajero.)* b) La *konkurenco* aŭ la interagado de la multaj kapitalistoj, c) *kredito*, kie la kapitalo al la unuopaj kapitalistoj aperas kiel ĝenerala elemento. ĉ) La *akcikapitalo* kiel la plej perfekta formo (transsaltanta al la komunismo), samtempe kun ĉiuj ĝiaj kontraŭdiroj.

[2.] grundproprieto]. La transiro de kapitalo al grundproprieto estas samtempe historia, ĉar la moderna formo de grundproprieto [estas] produkto de la efiko de la kapitalo al la feŭda ktp grundproprieto.

[3.] dunglaboro] Same la transiro de la grundproprieto en la dunglaboron estas ne nur dialektika, sed ankaŭ historia [la aŭtoro celas: logika. -ek], ĉar la lasta produkto de la moderna grundproprieto [estas] la ĝenerala estigo de la dunglaboro, kiu tiam aperas kiel bazo de la tuta fekaĵo.”

“4. ŝtato.
5. internacia komerco.
6. mondmerkato.” En tiu ĉi momento Markso planis la sekvan strukturon por sia verko[54]:

1. Pri la kapitalo
1. La kapitalo *ĝenerale*
a) La varo
a) La varo
b) La mono
c) La kapitalo — Produktadprocezo de la kapitalo

54 Vd MEW, vol. 26.1, p. VI.

en 1. La transformado de la mono kapitalon
2. La absoluta plusvaloro
3. La relativa plusvaloro
4. La kombinado de ambaŭ
5. Teorioj pri la plusvaloro

La cirkuladprocezo
de la kapitalo
La unueco de ambaŭ
aŭ kapitalo kaj profito,
interezo

2. La konkurenco
3. La kredito
4. La akcikapitalo
La kapitalo (1867)

La produktadprocezo de la kapitalo
1. Varo kaj mono
2. La transformado de mono en kapitalon
3. La produktado de la absoluta plusvaloro
6. La akumuladprocezo de la kapitalo (Rezultoj de la rekta produktadprocezo)

La manuskripto de 1861 ĝis 1863 estis la dua "krudmalneto" ["Rohentwurf"] de lia "Kritiko de la politika ekonomio", al kiu li poste antaŭmetis la ĉeftitolon "La kapitalo".

Ĉe la prilaborado de la MEGA-volumo IV/25 kaj IV/28 mi trovis interesajn materialojn pri la historio, la teorio kaj praktiko de la cirkulado kaj distribuado, de la mono, de la bankoj, de la kredito kaj de la komerco en multaj partoj de la mondo ekde la antikva Greklando. Inter ili estas materialoj pri la evoluo de la komerco, la estiĝo de grundproprieto en Anglujo kaj aliaj regionoj de Eŭropo, Ruslando kaj de Usono, kaj pri la cirkulado kaj distribuado de kapitalo. Ni povas vidi, ke la problemoj de la libroj 2 ĝis 6 de la marksa plano hodiaŭ estas kreskante gravaj. Por nia praktiko en socialismaj landoj kiaj Ĉinlando kaj la internaciaj rilatoj de socialismaj kaj kapitalismaj ŝtatoj kaj entreprenoj koncerne la teorion kaj metodon, ni devas konstati: Ĉiuj ekonomiaj interrilatoj havas *naturan enhavon* (ekz-e produktadfaktorojn) kaj *socian formon* (proprieton je la produktadrimedoj). Se ni studas en dialektika maniero, tiam ni povas trovi interesajn ekkonojn ne nur por la kapitalisma socio, sed ankaŭ por la socialisma ekonomio en la nomitaj volumoj 25 kaj 28 de la Kvara sekcio de la MEGA[2], se tiuj estontece estos publikigataj.

Ĝis nun ni mallonge parolis pri la ellaborado kaj evoluo de la revolucia marksisma teorio en la 19-a jarcento. La supre nomitaj libroj 2-3 el la marksa plano devis esplori la ekonomiajn vivkondiĉojn de la tri grandaj klasoj (burĝaro, grundproprietuloj kaj laborista klaso) en ĉiu kapitalisma lando, kiuj estas kunigitaj de la koncerna ŝtato (per impostoj, doganaĵoj, leĝoj pri valuto kaj pri aliaj aferoj, subtenoj, komercaj faciligoj, komercaj militoj ktp) kaj reprezentataj en la mondmerkato.
"La kapitalo" gravas por la scienca ekkono de la ekonomiaj interrilatoj de la homaro. En ĝi estas esploritaj la ekonomiaj interrilatoj ankaŭ en antaŭkapitalismaj ekonomiaj sociformacioj. Labordivido, interŝanĝo, varoj, mono kaj sociaj klasoj ekzistas ne nur en socioj kun kapitalisma produktadmaniero. Sed kompreneble "La kapitalo" gravas por ekkoni la esencon de tiuj laste nomitaj socioj. "Tiom longe, kiom en la mondo ekzistas kapitalistoj kaj laboristoj, aperis neniu libro, kiu por la laboristoj estis same grava" kiel 'La kapitalo'", Engelso konstatis en Marto de 1868. "Ankaŭ ĉiu komercisto de socialisma lando partoprenanta en la internacia komerco, konu "La kapitalon". Tio estus granda helpo por li. Tiel li povus pli efike koni la interesojn de la aliaj komercistoj. Sed ankaŭ por la racia grandekonomia formado de la ekonomiaj kaj juraj rilatoj inter entreprenoj en landoj kun socialisma produktadmaniero "La kapitalo" gravas. Oni povas uzi ĝin kreeme. Sed mi ripetas: Oni devas scii, ke ekonomiaj rilatoj havas du kontraŭajn flankojn: *naturan* (materialan) *enhavon* kaj *socian formon* (kondiĉitan de la propriet-rilatoj).

La rezulto de tiu ĉi ekonomia teorio de la marksismo estas la ekkono, ke la kapitalismaj produktadrilatoj kreas ĉe unu flanko malriĉecon kaj mizeron por granda parto de la socio kaj aliflanke riĉecon por malplimulto. Markso formulis tion tiel: "Ilia neniigo [de la produktadmaniero de malgrandaj produktantoj -ek], la transformado de la individuaj kaj disaj produktadrimedoj en socie koncentritajn, pro tio de la nana proprieto de multaj en amasan proprieton de malmultaj, pro tio la senproprietigo de la granda popolamaso je grundo kaj je vivrimedoj kaj laborinstrumentoj, tiu ĉi terura kaj malfacila senproprietigo de la popolamaso estigas la antaŭhistorion de la kapitalo. […] La mem ellaborita privata proprieto, bazita, por tiel diri, sur kunkreskado de la izolita, sendependa labor-individuo kun siaj laborkondiĉoj, estas forpuŝata de la kapitalisma privatproprieto, kiu baziĝas sur ekspluatado de fremda, sed formale libera laboro."[55]

Tiu ĉi rezulto estas la deirpunkto por la *politika* teorio de la marksismo por preparo, plenumado kaj sekurigo de la socialisma revolucio aŭ transformego de la kapitalisma en socialisman socion. Markso skribis en la unua volumo de "La kapitalo", ke "la realigo de la mondhistoria funkcio, rolo aŭ tasko plenumendas "de la ĉiam ŝvelanta kaj per la meĥanismo de la kapitalisma produktadprocezo mem instruata, unuigata kaj organizata laborista klaso"[56]

Engelso en 1874 indikis la gravecon de laŭcela politika aktiveco de gvidantoj de la laborista movado: "Oni devas diri pri la germanaj laboristoj [En 1869 fondiĝis la Socialdemokrata Partio de Germanujo -ek], ke ili ekspluatis la avantaĝon de sia situacio kun tre malofta kompreno. Por la unua fojo, de kiam laborista movado ekzistas, la luktado fariĝas al siaj tri flankoj – la teoria, la politika kaj la praktika-ekonomia

55 Karlo Markso: La kapitalo, vol. 1 (MAS-libro n-ro 166), p. 839.
56 Saml., p. 840.

(rezistado al la kapitalistoj) – en harmonio kaj kohero kaj laŭplane. Ĝuste en tiu ĉi, por tiel diri koncentrita atako troviĝas la forto kaj nevenkeblo de la germana movado. [...] Estos la devo de la gvidantoj pli kaj pli kleriĝi pri ĉiuj teoriaj demandoj, pli kaj pli liberigi sin el la influo de tradiciaj frazoj apartenantaj al la malnova mondpercepto kaj ĉiam teni en la rigardo ke la socialismo, ekde kiam ĝi fariĝis scienco, ankaŭ kiel scienco estu studata."[57]

Sukcesa reformo aŭ praktika kritiko postulas respondan solidan teorian kritikon. La ĉina politiko de reformo kaj malfermo estas reala kritiko de la evoluinta socia realo en Ĉinlando kaj la mondo. Grava por tiu ĉi metodo estas la bona regado de la rilato inter stabileco, reformo kaj disvolvado. Kelkaj konkludoj kaj metodaj postuloj farendas por la teoria kritiko:

1. Respekti la unuecon de *objektiveco* kaj *partieco*. La marksismo kiel mondpercepto de la laborista klaso [ĉiomlaboristo] ĉiam signifas *servi al la popolo*, por ke la popolo povu krei pli bonan vivon. Disvolvi la ĉinstilan socialismon. Por tio uzendas la 4 bazaj principoj de la Komunista Partio de Ĉinlando (KPĈ): Firme daŭrigi 1-e la socialisman vojon (la kapitalisma vojo ne povas solvi la homarajn problemojn), 2-e la popoldemokratian diktatorecon, 3-e la gvidadon fare de la KPĈ kaj 4-e la marksismon-leninismon.

   Sed la objektiveco devas esti la bazo. Engelso en 1884 skribis al Paul Lafargue: "Markso protestus kontraŭ 'la politika kaj socia idealo, kiun Vi imputas al li. Se jam temas pri scienculo, pri homo de la ekonomia scienco, tiam oni ne rajtas havi idealon, oni ellaboras sciencajn rezultojn, kaj se oni krome estas

57 Friedrich Engels: Ergänzung der Vorbemerkung von 1870 zu "Der deutsche Bauernkrieg", 1884, en: MEW, vol. 18, p. 516s.

partiano, tiam oni batalas por transformi ilin en praktikon. Sed se oni havas idealon, oni ne povas esti scienculo, ĉar oni havas antaŭe deciditan opinion."[58] Revolucia gvidanto devas ĉiam studi la evoluintajn novajn faktojn kaj ne rajtas forgesi sian ligitecon kun kaj la servadon al la popolo.

2. Engelso estis la unua, kiu ekkonis la gravecon de la nova marksa teorio ankaŭ kiel novan metodon. En 1859 li skribis pri Markso: "Kontribuaĵo al la kritiko de la politika ekonomio. Unua kajero": "Tiu ĉi epokfara kompreno de la historio estis la rekta teoria antaŭkondiĉo de la nova materiisma rigardo, kaj jam el tio estiĝis punkto de kontakto ankaŭ por la logika metodo. [...] Sed la kritiko de tiu metodo, kiun la tuta oficiala filozofio estis time rezigninta kaj daŭre rezignas, ne estis io facila.

   Markso estis kaj estas la sola, kiu kapablis alpreni tian laboron, el la hegela logiko elŝeli la kernon, kiu entenas tiukampe la realajn malkovrojn de Hegelo, kaj estigi la dialektikan metodon, senvestigitan je siaj ideismaj eksteraĵoj, en la simpla formo, en kiu ĝi fariĝas la sole ĝusta formo de evoluo de la ideoj. La ellaboradon de la metodo, kiu estas la bazo de la marksa *Kritiko de la politika ekonomio*, ni konsideras kiel rezulton, kiu apenaŭ postrestas al la materiisma baza koncepto.

3. Tre gravas tio, kion Markso en Januaro de 1873 skribis pri kritiko je lia 1-a volumo de "La kapitalo": "Post citaĵo el mia antaŭparolo pri 'Kritiko de la politika ekonomio', Berlino, 1859, p. IV-VII, kie mi diskutis la materiisman bazon de mia metodo, la [rusa -ek] sinjoro aŭtoro [Il L. Kaufman -ek] daŭrigas: 'Por

58 Engels an Paul Lafargue, 1884-08-11. En: MEW, vol. 36, p. 198.

Markso gravas nur unu afero: trovi la leĝon de la fenomenoj, pri kies esplorado li okupiĝas.' [...] Per tio, ke la aŭtoro tion, kion li nomas mia reala metodo, tiom trafe [...] priskribas, kion alian li priskribis ol la dialektikan metodon?

Tamen la prezentmaniero devas formale distingiĝi de la esplormetodo. La esplorado devas detale alproprigi al si la materialon, analizi ĝiajn diversajn evoluformojn kaj eltrovi ties internan ligon. Nur post kiam tiu ĉi laboro plenumiĝis, la reala moviĝo laŭ tio prezenteblas. Se tio sukcesas, kaj se la vivo de la materialo nun idee speguliĝas, tiam tio povas aspekti, kvazaŭ temus pri apriora konstruado.

Mia dialektika metodo estas laŭ sia bazo ne nur diversa de la hegela, sed ties rekta malo. Por Hegelo la pensprocezo, kiun li sub la nomo ideo eĉ transformas en memstaran subjekton, en la kreanton de la realo kiu estas nur ĝia ekstera aperaĵo. Ĉe mi, inverse, la ideo estas nenio alia ol la materio translokita kaj tradukita en la homkapon. [...] La mistifiko, kiun la dialektiko suferas en la manoj de Hegelo, neniel malebligas, ke li unue en ampleksa kaj konscia maniero prezentis ĝiajn ĝeneralajn moviĝformojn. Ĉe li ĝi staras sur la kapo. Oni devas ĝin inversigi por malkovri la racian kernon en la mistika ŝelo."[59]

4.

5. Engelso skribis en 1859: "La kritiko de la politika ekonomio, eĉ post gajnita metodo, ankoraŭ povis esti strukturita laŭ du manieroj: historie aŭ logike. Ĉar en la historio, same kiel en ĝia literatura spegulado, la evoluo grandskale ankaŭ okazas de la plej simplaj al

59 Karlo Markso: Postparolo al la dua eldono de "La kapitalo", vol. 1 (en la germana eld.: MEW 23, p. 25-27), en Esperanto: Karlo Markso: La kapitalo, vol. 1 (= MAS-libro n-ro 166), p. 31.

la plej komplikaj rilatoj, tiel la literaturhistoria evoluo donis al la politika ekonomio [ekde Aristotelo en la antikva Greklando -ek] naturan gvidfadenon, ĉe kiu la kritiko povis alliĝi, kaj ĝenerale la ekonomiaj kategorioj ĉe tio aperus en la sama vico kiel en la logika evoluo. Tiu ĉi formo ŝajnas havi la avantaĝon de pli granda klareco, ĉar sekvata estas ja la *reala* evoluo, sed fakte ĝi per tio fariĝus plej populara. La historio ofte iras salte kaj zigzage kaj ĉe tio ĝi devus esti ĉie sekvata [...]. La logika maniero do estis sole uzebla. Sed ĝi estas fakte nenio alia ol la historia, nur sen la historia formo kaj sen la ĝenaj hazardaĵoj. Per tio, per kiu tiu ĉi historio komenciĝas, devas komenciĝi ankaŭ la pens-irado."[60]

6. Metode tre gravas trovi la ĝustan komencon! En la ĉapitro "L. Feuerbach" Markso kaj Engelso en 1845 skribis: "Ni konas nur unu solan sciencon, la sciencon de la historio. La historio rigardeblas el du flankoj, divideblas en la historion de la naturo kaj la historion de la homoj. Ambaŭ flankoj tamen ne estas divideblaj; tiom longe, kiom homoj ekzistas, historio de la naturo kaj historio de la homoj kondiĉigas sin reciproke.[61] "La unua konstatenda fakto estas do la korpa organiziteco de tiuj individuoj kaj ilia per tio donita rilato al la cetera naturo. Ĉi tie ni kompreneble ne povas pritrakti la korpajn ecojn de la homoj mem nek la naturkondiĉojn, sub kiuj tiuj homoj vivis, la geologiajn, orohidrografiajn, klimatajn kaj aliajn kondiĉojn. Ĉia historiografio [do, sociteorio ek] devas deiri de tiuj ĉi naturaj bazoj kaj de ties modifado en la fluo de la historio farita de la agado

60 Friedrich Engels: Karl Marx: Zur Kritik der Politischen Ökonomie (Rezension). En: MEW, vol. 13, p. 474s.
61 Karl Marx und Friedrich Engels: Die deutsche Ideologie. En: MEW, vol. 3, p. 18.

de la homoj."[62]–Samsence Markso skribis en 1857: "Individuoj produktantaj en socio – pro tio socie decidita produktado de la individuoj kompreneble estas la deirpunkto."[63] Markso skribis pri "La kapitalo" la 25-an de Julio 1867: "Ĉia komenco malfacilas, tio validas en ĉiu scienco. La kompreno de la unua ĉapitro, nome de la sekcio, kiu entenas la analizon de la varo, pro tio kaŭzos la plej grandajn malfacilaĵojn. Koncerne nun pli proksime la analizon de la valorsubstanco kaj de la valorgrando [en la unua kajero de 1859 -ek], mi ĝin kiom eble plej popularigis. La valorformo, kies preta formo estas la monformo, estas tre senenhava kaj simpla. Tamen la homa menso de pli ol 2000 jaroj provis kompreni ĝin vane, dum aliflanke la analizo de multe pli enhavaj kaj komplikaj formoj almenaŭ proksimume sukcesis. Kial? Ĉar la elformita korpo estas pli facile studebla ol la korpa ĉelo. Ĉe la analizo de la ekonomiaj formoj krome povas servi nek la mikroskopo nek ĥemiaj reakciantoj. La forto de abstraktado devas anstataŭi ambaŭ. Sed por la burĝa socio la varformo de la laborprodukto aŭ la valorformo de la varo estas la ekonomia ĉelformo. Al la neklerulo ĝia analizo ŝajnas vagadi en nuraj subtilaĵoj. Ĉe tio efektive temas pri subtilaĵoj, sed nur tiaj, kiaj ekzistas en la mikrologia anatomio."[64]

7. La forto de abstraktado, ĉe la esplorado aŭ analizado, devas ekkoni la interligitecon de antaŭkondiĉoj kaj konkludoj. Tiel Engelso skribis la 27-an de Januaro 1886: "Niaj opinioj pri la diferencoj inter estonta,

62 Saml., p. 20s.

63 Karl Marx: Einleitung [zu den "Grundrissen der Kritik der politischen Ökonomie] [Karlo Markso: Enkonduko (al la "Konturoj de la kritiko de la politika ekonomio). En: MEW, vol. 42, p. 19.

64 Karlo Markso: Antaŭparolo al la unua eldonode "La kapitalo", vol. 1, en: MEW, vol. 23, p. 11s. En Esperanto: MAS-libro n-ro 166, p. 18s.

nekapitalisma socio kaj la nuntempa, estas precizaj konkludoj el la historiaj faktoj kaj evoluprocezoj kaj, se ili ne estas prezentataj en kunteksto kun tiuj faktoj kaj kun tiu evoluo, estas teorie kaj praktike senvaloraj."[65] Krome la forto de abstraktado dum la esplorado devas antaŭenigi la ekkonon de la unuopaĵo aŭ simplaĵo al la kombinitaĵo aŭ komplikaĵo, de la formoj al la enhavo, de la aperaĵoj al la esenco, de la eksteraĵo aŭ supraĵo al la interno, de la diferencoj al la kontraŭdiroj, de la kvanto al la kvalito, de la ebleco al la realo, de la hazardeco al la neceso kaj fine al leĝoj.

8. La rezulto de la marksa esplorado pri la produktadprocezo de la kapitalo estis la bazo por la metodo de prezentado en la volumo 1 de "La kapitalo" (ekde 1873[66]):

Unua sekcio: Varo kaj mono
"La riĉeco de la socioj [Kp Adam Smith en 1775 pri la "Riĉeco de la nacioj" -ek], en kiuj regas kapitalisma produktadmaniero, aperas [! -ek] kiel «monstra var-kolektaĵo» [Kp MEW, vol. 13, p. 15 -ek], la unuopa varo kiel ĝia elementa formo. Nia esplorado pro tio komenciĝas per la analizado de la varo."[67] Markso nun montris, kiel en la historio per la interŝanĝo de la varoj de diversaj produktantoj elformiĝis mono kiel ĝenerala varo:

65 Engelso al Edward R. Pease, la 27-an de Januaro 1886. En: MEW, vol. 36, p. 429.

66 En la 1-a germana eldono de 1867 la teksto estis subdividita en 6 longajn ĉapitrojn. Tion Engelso letere kritikis la 16-an de Junio 1867 (MEW, vol. 31, p. 303). Por la 2-a eldono de 1872/73 Markso pro tio alinomis la ĉapitrojn kaj tiujn subdividis pli detale per ĉapitroj.

67 Karlo Markso: La kapitalo, vol. 1 (MAS-libro n-ro 166), p. 49.

A. Simpla, unuopa aŭ hazarda valorformo: x varoj A valoras y varo B. (20 ulnoj da tolo valoras 1 jakon).

Tia interŝanĝo ne facilis nek facilas (vidu hodiaŭ en gazetoj la interŝanĝ-proponojn). Iu proprietulo ne bezonas certan produkton kaj bezonas certan alian produkton.

B. Totala aŭ disvolvita valorformo: z varo A = u varo B aŭ = v varo C aŭ = w varo D ktp. (20 ulnoj da tolo = 1 jako aŭ = 10 funtoj da teo aŭ = 40 funtoj da kafo aŭ 1 kvarto da tritiko aŭ = 2 uncoj da oro ktp) La kvantaj rilatoj, en kiuj varoj interŝanĝiĝas, fariĝas pli stabilaj, tamen la rekta interŝanĝo de unu varo kontraŭ alia daŭre okazas.

C. Ĝenerala valorformo: 1 jako, 10 funtoj da teo, 40 funtoj da kafo, 1 kvarto da tritiko, 2 uncoj da oro interŝanĝiĝas po kontraŭ 20 ulnoj da tolo aŭ valoras po = 20 ulnojn da tolo.
Iom post iom ĉiuj ceteraj varoj interŝanĝiĝas kontraŭ tiu varo, kiu plenumas la funkcion de ĝenerala ekvivalento. En certaj regionoj brutaro, en aliaj peltaĵo, en kromaj salo ktp estis la ĝenerala ekvivalento.[68] Tio dependis de la vivcirkonstancoj de la plej multaj homoj de la regiono. Tiu interŝanĝ- aŭ valor-formo estis ligita kun la unua granda socia labordivido, do kun la labordivido en kampkulturon kaj brutbredadon. Per la dua granda socia labordivido, do per la disiĝo de la metio disde la kampkulturo, estiĝis la sekva valorformo:

68 En la ĉina lingvo la skriba formo de *guì* – “multekosta, altvalora, nobla” – havas en sia baza parto la skribformon de *bèi* = “monkonko”. Do, eĉ en la aktuala ĉina lingvo troviĝas spuro de la erao, en kiu certa speco de konko estis la ĝenerala ekvivalento de interŝanĝo. -vl

Ĉ. Monformo: 20 ulnoj da tolo, 1 jako, 20 funtoj da teo, 40 funtoj da kafo, 1 kvarto da tritiko interŝanĝiĝas kontraŭ po 2 uncoj da oro aŭ valoras po = 2 uncoj da oro.

Oro fariĝis mono. La uzvaloro de oro (plej oftre kiel nobla metalo) funkcias kiel esprimi de la valoro de ĉiuj varoj. Mono estas la ĝenerala varo.[69]

Dua sekcio: Transformado de mono en kapitalon

"La varcirkulado estas la deirpunkto de la kapitalo. Varproduktado kaj disvolvita varcirkulado [t.e.] komerco, konsistigas la historiajn antaŭkondiĉojn , sub kiuj ĝi estiĝas. Monda komerco kaj mondmerkato en la 16-a jarcento malfermas la modernan vivhistorion de la kapitalo. Se ni pretervidas la materian enhavon de la varcirkulado, [t.e.] de la interŝanĝo de la diversaj uzvaloroj, kaj ni rigardas nur la ekonomiajn formojn, kiujn tiu procezo produktas, tiam ni trovas kiel ĝian lastan produkton la monon. Tiu ĉi lasta produkto de la varcirkulado estas la unua aperformo de la kapitalo."[70]

Tria sekcio: La produktado de la absoluta plusvaloro Laborprocezo kaj plivalorigprocezo

"La produktado de uzvaloroj aŭ havaĵoj ne ŝanĝas sian ĝeneralan naturon per tio ke ĝi okazas por la kapitalisto kaj sub ties kontrolado. La laborprocezo pro tio estas konsiderenda unue sendependa de ĉia socia formo.

La laboro estas unuavice procezo inter homo kaj naturo, procezo, en kiu la homo peras, kontrolas kaj

69 Karlo Markso: La kapitalo, vol. 1 (MAS-libro n-ro 166), p. 79-83.

70 Saml., p. 162.

reguligas sian metabolon kun la naturo per sia propra agado.[71] [...] La simplaj elementoj de la laborprocezo estas la laŭcela agado aŭ la laboro mem, ĝia objekto kaj ĝiaj rimedoj.[72]

"Kaj por nia kapitalisto temas pri du aferoj: Unue li volas produkti uzvaloron kiu havas interŝanĝvaloron, artiklon destinitan al vendo, varon. Kaj due li volas produkti varon, kies valoro estas pli alta ol la valorsumo de la varoj necesaj por ĝia produktado, de la produktadrimedoj kaj de la laborforto kiujn li antaŭpagis per sia bona mono sur la varmerkato. Li volas ne nur produkti uzvaloron, sed varon, ne nur uzvaloron, sed valoron, kaj ne nur valoron, sed ankaŭ plusvaloron."[73]

"La cirkonstanco ke la ĉiutaga vivtenado de la laborforto kostas nur duonan tagon, kvankam la laborforto povas efiki, labori tutan tagon, ke do la valoro, kiun ĝia uzado dum unu tago kreas, estas duoble pli granda ol ĝia propra tagvaloro, estas aparta bonŝanco por la aĉetanto, sed tute ne maljusto kontraŭ la vendanto."[74]

"La truko fine sukcesis. Mono estas transformita en kapitalon."[75]

Nun sekvas la metoda indiko de Markso: "La disvolvado de la produktivo de la laboro, ene de la kapitalisma produktado, celas mallongigi la parton de la labortago, kiun la laboristo devas labori por si mem, por ĝuste per tio longigi la alian parton de la

71 Saml., p. 193.
72 Saml., p. 194.
73 Saml., p. 207.
74 Saml., p. 215.
75 Saml.

labortago, kiun li povas labori senpage por la kapitalisto. En kiu mezuro tiu rezulto atingeblas ankaŭ sen malplikostigo de la varoj, tio montriĝos en la apartaj produktadmetodoj de la relativa plusvaloro, kiujn ni en la sekvo analizos."[76]

Kvara sekcio: La produktado de la relativa plusvaloro

Ĝiaj precipaj metodoj en la historio de la kapitalisma produktadmaniero estas: kunlaborado[77], labordivido kaj manufakturo[78], maŝinaro kaj granda industrio.[79] Indiko pri dialektiko: "Pro tio, la kapitalisma produktado disvolvas la teĥnikon kaj kombinadon de la socia produktadprocezo nur per tio ke ĝi samtempe subfosas la fontojn de ĉia riĉaĵo: la Teron kaj la laboriston."[80]

Kvina sekcio: La produktado de la absoluta kaj relativa plusvaloro

"La produkto transformiĝas entute el la rekta produkto de la individua produktanto en socian, en la komunan produkton de ĉiomlaboristo, t.e. de kombinita laborpersonaro, kies membroj estas pli aŭ malpli malproksimaj de la manipulado de la laborobjekto. Kun la kunlabora karaktero de la laborprocezo mem do necese etendiĝas la nocio de produktiva laboro kaj de ĝia portanto, la produktiva laboristo. Por labori produktive, jam ne necesas agi per sia propra mano; sufiĉas esti organo de la ĉiomlaboristo, plenumi ian ajn el ties subfunkcioj. La

76 Saml., p. 356s.
77 Vd saml., p. 346-361.
78 Vd saml., p. 362-396.
79 Vd saml., p. 397-540.
80 Saml., p. 555.

supra origina difino de la produktiva laboro, deduktita el la naturo de la produktado mem, restas ĉiam valida por la ĉiomlaboristo, konsiderata kiel tutaĵo. Sed ĝi jam ne validas por ĉiu el ĝiaj membroj, konsiderata unuope.

Sed aliflanke la nocio de produktiva laboro striktiĝas. La kapitalisma produktado estas ne nur produktado de varo, ĝi estas esence produktado de plusvaloro. La laboristo produktas ne por si mem, sed por la kapitalo. Do, jam ne sufiĉas ke li entute produktas. Li devas produkti plusvaloron. Nur tiu laboristo estas produktiva, kiu produktas plusvaloron por la kapitalisto aŭ servas por la memvalorigo de la kapitalo."[81]

"La kapitalisto pagas la valoron, respektive la prezon de la laborforto, kiu povas deflankiĝi de ĝi, kaj ricevas kompense la disponon pri la vivanta laborforto mem. Lia uzado de tiu laborforto dividiĝas en du tempopartojn. Dum la unua tempoparto la laboristo produktas nur valoron = valoron de sia laborforto, do nur ekvivalenton. Por la antaŭpagita prezo de la laborforto la kapitalisto tiel ricevas samprezan produkton. Estas kvazaŭ li estus aĉetinta la produkton en la bazaro mem. Sed en la tempoparto de la pluslaboro la uzado de la laborforto kreas valoron por la kapitalisto, sen ke tio kostus ion al li.[82] Li havas tiun ĉi disponigon de la laborforto senpage. En tiu senco la pluslaboro povas nomiĝi senpaga laboro.

---

81 Saml., p. 556s.

82 Kvankam la fiziokratoj ne travidis la sekreton de la plusvaloro, ili tamen komprenis, ke ĝi "estas sendependa kaj disponebla riĉaĵo, kiun li [ĝia posedanto] ne aĉetis kaj kiun li vendas". Turgot, "Réflexions sur la Formation et la Distribution des Richesses", p. 11. -km

La kapitalo estas do ne nur komando super laboro, kiel diras A. Smith. Ĝi estas esence komando super nepagata laboro. Ĉia plusvaloro, en kiu ajn formo de profito, interezo, rento ktp ĝi poste kristaliĝas, estas en sia substanco materiiĝo de nepagata labortempo. La sekreto de la memplivalorigo de la kapitalo solviĝas en ties disponon pri determinita kvanto de nepagata fremda laboro.[83]

Sesa sekcio: La salajro[84] [estis en 1857 la 4-a parto de la 5-a ĉapitro]

Sepa sekcio: La akumuladprocezo de la kapitalo

"La transformado de monsumo en produktadrimedojn kaj laborforton estas la unua moviĝo, kiun la valorkvanto faras, kiu devas funkcii kiel kapitalo. Ĝi okazas en la merkato, en la sfero de cirkulado. La dua fazo de la moviĝo, la produktadprocezo, estas finita, ekde kiam la produktadrimedoj estas transformitaj en varon, kies valoro superas la valoron de ĝiaj konsistigaj partoj, do entenas la origine antaŭpagitan kapitalon kaj plusvaloron. Tiuj varoj siavice enĵetendas en la sferon de cirkulado. Ili estas vendendaj, por realigi ilian valoron en monon, tiun monon denove transformi en kapitalon, kaj tiel ĉiam denove. Tiu rondiro, kiu trairas ĉiam la samajn sinsekvajn fazojn, konsistigas la cirkuladon de la kapitalo.

La unua premiso de la akumulado estas, ke la kapitalisto sukcesis vendi siajn varojn kaj retransformi la plej grandan parton de la tiel ricevita mono en

83 Saml., p. 584.
84

kapitalon. En la sekvo ni supozu, ke la kapitalo trairas sian cirkuladprocezon normale. La pli detala analizo de tiu procezo apartenas al la Dua libro.

La kapitalisto, kiu produktas la plusvaloron, t.e. elpumpas nepagatan laboron rekte el la laboristoj kaj fiksas ĝin en varojn, estas ja la unua alpropriganto, sed tute ne la lasta proprietulo de tiu plusvaloro. Li devas poste dividi ĝin kun kapitalistoj, kiuj plenumas aliajn funkciojn en la tutaĵo de la socia produktado, kun la grundproprietulo ktp. La plusvaloro fendiĝas do en diversajn partojn. Ĝiaj frakcioj iras al diversaj kategorioj de personoj kaj ricevas diversajn formojn sendependajn unu de la alia, ekz-e profiton, interezon, komercan gajnon, grundrenton ktp. Tiuj transformitaj formoj de la plusvaloro trakteblas nur en la Tria libro."[85]

La rezulto de la marksa esplorado de la ĉiomprocezo de la kapitalo estis la bazo por la metodo de prezentado en la 3-a volumo de "La kapitalo" fare de Markso kaj Engelso (ĝi aperis germane en 1894)[86]: La tuta plusvalor-sumo de la cirkuligitaj varoj estas proporcie dividenda kun aliaj kapitalistoj, kiuj partoprenas en la ĉioma procezo de la kapitalisma produktado, do kun la bankisto, la interezo por kreditoj, la komercisto, la komerca profito, kun la grundproprietulo, kiu devas ricevi grundrenton. Ni vidas: La rezulto de la esplorado estis ĉiufoje la bazo por la metodo de prezentado. La marksismo estas logike konsekvenca.

9. Ni devas pli bone uzi la unuecon de la ĉefaj partoj de la marksismo (filozofion, politikan ekonomion, socialisman politikon). Sukcespromesaj politikaj

85 Saml., p. 618.
86 MEW, vol. 25.

programoj postulas dialektikan-materiisman filozofian analizon de la fine ja ekonomie kondiĉitaj interesoj de la reprezentataj sociaj klasoj kaj tavoloj. Ĉio ĉi kune estas la marksisma ideologio, do de la sistematigita klaskonscio de la laboristaj klasoj kaj de iliaj aliancanoj.

Tiel Engelso skribis al Paul Ernst en la jaro 1890: “Koncerne vian provon trakti la aferon [la virinan movadon -ek] materiisme, mi devas diri antaŭ ĉio, ke la materiisma metodo transsaltas en sian malon, se ĝi ne estas traktata kiel gvidfadeno [do, kiel metodo! -ek] dum historia studado, sed kiel preta kliŝo, laŭ kiu oni tajloras al si la historiajn faktojn.”[87]

Kaj Engelso skribis al Conrad Schmidt en 1890: “Entute la vorto «materiisma» servas en Germanujo al multaj junaj verkistoj kiel simpla frazo, per kiu oni etikedas ĉion kaj alion sen kroma studo, t.e. algluas tiun etikedon kaj tiam kredas esti plenuminta la aferon. Sed nia kompreno de historio estas antaŭ ĉio instrukcio ĉe studado [t.e. metodo! -ek], ne levilo de konstruado laŭ la hegelanoj. La tuta historio estas nove studenda, la ekzistad-kondiĉoj de la diversaj soci-formacioj estas detale esplorendaj antaŭ ol oni provas dedukti el ili la politikajn, privatjurajn, estetikajn, filozofiajn, religiajn ktp perceptmanierojn, kiuj respondas al ili.”[88]

10. Pli bone kompreni la mondperceptajn dimensiojn de la luktado! Kontraŭantoj al realaj socialismaj soci-statoj okupiĝas pri mondpercepta aktivismo, inkluzive de okupiĝo pri Markso kaj “kritika “ marksismo, kaj plej ofte rezultas en politika

87 Engels an Paul Ernst, 5.6.1890. En: MEW, vol. 37, p. 411.
88 Engels an Conrad Schmidt, 5.8.1890. En: MEW, vol. 37, p. 436s.

konservativismo; ili propagandas valorojn malamikajn al progreso, malprecizigas nociojn, preferas ion unuopan ol ion ĝeneralan aŭ ol leĝojn.

11. Disvolvi sciencojn kaj per tio la produktadfortojn! En Ĉinlando ekz-e oni celas realigi la orientadon al la "3-obla reprezentado" kaj la Sciencan Disvolvokoncepton.

12. Intensigi kaj mastri la rilaton inter teorio kaj praktiko aŭ kritiko kaj praktiko (ankaŭ en historio kaj nuntempo de *reale* ekzistantaj atingoj aŭ evoluoj) kaj montri, ke *reale* evoluanta (ne pensaj dezir-revoj aŭ modeloj) socialismo sub ĉinaj kondiĉoj signifas ŝtupon de socia progreso por 20 elcentoj de la homaro (tio estas pli ol Afriko). Ĉe tio la multtavoleco de la mondo kaj de ĝia kreskanta tendenco de reciproka dependeco de la ŝtatoj estas pli bone konsiderenda (t.e. kontraŭmeti al la [ĝenerala, sed precipe usona] armado la koncepton de la "ĉina revo de granda reviviĝo de la ĉina nacio, ĉe kio tiuj, kiuj streĉe laboras, estas kompencataj, la maljunuloj prizorgataj, la malsanuloj kuracataj kaj la infanoj klerigataj" de la evoluo de Ĉinlando ĝis 2049 kaj la disvolvadon de la multflanke avantaĝa internacia komerco, kaj helpe de la politiko de paca kunekzistado krei harmonian mondon!

13. Tamen la plej grava fakto aŭ la rezulto de praktika ekzamenado (ekz-e en Ĉinlando) estas la pruvo, ke por la laboranta loĝantaro pli bona socisistemo ol la kapitalismo *reale* eblas – ne nur kiel ideo aŭ espero, se oni science studas la disvolvitajn realajn kondiĉojn kaj *kreeme* aplikas marksismajn ekkonojn. La laboristaj klasoj en ĉiuj landoj bezonas socialismon; la kapitalisma socio ne pruvis, ke ĝi daŭreme solvas la grandajn problemojn de la homaro.

***

En Majo de 1875 Markso do redaktis siajn marĝenajn rimarkojn pri la malneto de la koalicia programo por la unuiga kongreso de la "Lasal-anoj" kaj "Ejzenaĥ-anoj" por estigi unuecan germanan laboristan partion – tekston kiu estas plej konata kiel *Kritiko de la Gotaa Programo*. Ĉe tio Markso por la unua fojo disvolvis ekkonojn pri la *socialisma* socio.[89] Li argumentis: "La hodiaŭa socio estas la kapitalisma socio, kiu ekzistas en ĉiuj kulturlandoj, pli aŭ malpli libera de la mezepoka kromaĵo, pli aŭ malpli modifita de la aparta historia evoluo de ĉiu lando, pli aŭ malpli disvolvita. […] Inter la kapitalisma kaj la socialisma socio troviĝas la periodo de la revolucia transformado de la unua en la alian. Al tiu respondas ankaŭ politika transira periodo, kies ŝtato povas esti nenio alia ol *la revolucia diktatoreco de la proletaro*."[90]

Antaŭ tio Markso skribis: "Temas ĉi tie pri komunisma socio, ne kia ĝi disvolviĝis sur sia propra bazo, sed inverse, kia ĝi eliras el la kapitalisma socio, do ĉiurilate, ekonomie, morale, spirite, estas ankoraŭ makulita per la denaskaj makuloj de la malnova socio, el kies utero ĝi venas."[91]

---

89 Tamen vidu la intervjuon kun profesoro ENFU Cheng: "500 jaroj da socialismo el ĉina vidpunkto", en: XI Jinping: Parolado okaze de la centjariĝo de la Ĉina Komunista Partio; CHENG Enfu: Kvincent jaroj da socialismo el ĉina vidpunkto (intervjuo). Tradukitaj el franca resp. germana traduko de Vilhelmo Lutermano. Embres-et-Castelmaure, Monda Asembleo Socia (MAS), 2021, ISBN 978-2-36960-300-9
(= MAS-libro n-ro 278), p. 26-58.

90 Karlo Markso: Kritiko de la Gotaa Programo. Kun antaŭparolo de Frederiko Engelso, la letero al Bracke kaj la letero de Engelso al Bebelo. Tradukita de Vilhelmo Lutermano. 3-a eldono, 2016, Monda Asembleo Socia (MAS), Embres-et-Castelmaure, ISBN 978-2-36960-072-5 (= MAS-libro n-ro 13), p. 38.

91 Saml., p. 25.

Pri tio li klarigis:
"La *sama rajto* estas ĉi tie daŭre – laŭ la principo – la *burĝa juro*" [...]. La rajto de la produktantoj estas proporcia al iliaj laborliveradoj; la sameco konsistas en tio ke oni mezuras ĉe la sama skalo, la laboro. Sed iu estas korpe aŭ mense supera al la alia, liveras do en la sama tempo pli da laboro aŭ povas labori dum pli da tempo; kaj la laboro, por servi kiel mezuro, difinendas laŭ etendo aŭ intenso, alie ĝi ĉesas esti mezuro. Tiu sama rajto estas malsama rajto por malsama laboro. [...] Krome: Iu laboristo estas edzo, la alia ne; iu havas pli da infanoj ol la alia ktp ktp. Ĉe sama laborliverado kaj pro tio sama parto je la socia konsumfonduso do la unua ricevas fakte pli ol la alia, iu estas pli riĉa ol la alia ktp. Por eviti ĉiujn ĉi misojn, la rajto devus esti, anstataŭ sama, pli ĝuste malsama. [...][92]

En pli alta fazo de la komunisma socio, post kiam la sklaviga subordigado de la individuoj sub la labordividon, per tio ankaŭ la kontraŭdiro de spirita kaj korpa laboro malaperis; post kiam la laboro fariĝis ne nur rimedo por vivado, sed mem la unua vivbezono; post kiam kun la ĉiuflanka disvolviĝo de la individuoj kreskis ankaŭ iliaj produktfortoj kaj ĉiuj fontoj de la kooperativa riĉeco fluas pli plene – nur tiam la mallarĝa burĝa jurhorizonto plene transpaŝeblas kaj la socio povas skribi sur sian standardon: Ĉiu laŭ siaj kapabloj, al ĉiu laŭ liaj bezonoj![93]

Laŭ la faktoj, Markso en 1875, do antaŭ 125 jaroj, por la unua fojo skribis pri la socialismo kiel pli malalta fazo de la komunisma sociformacio, kiu ne per vortoj, sed per realaj sociaj atingoj dialektike negas la kapitalisman sociformacion aŭ – kio estas enhave la samo – ĝin aŭfhebas[94].

---

92 Saml., p. 26.

93 Saml., p. 27.

94 *Aŭfhebi* – la hegela esprimo –, en la germana (*aufheben*) havas tri diversajn signifojn: 1. konservi ĝis certa momento, 2. nuligi (ekz-e

Ni faru pensan salton en la nunan jarcenton. Post la malvenko de la socialismo en la Sovetunio kaj ties aliancanoj en Eŭropo fine de la 20-a jarcento, la praktiko de la Popolrespubliko Ĉinujo transprenis, por tiel diri, la torĉon de la socialismo en la mondhistoria procezo. Dum la 6-a plenkunsido de la Centra Komitato de la Komunista Partio de Ĉinujo oni faris la promeson daŭrigi la plibonigon de ĝia laborstilo kaj daŭrigi la formadon de ĝuste gvidanta partio. La plenkunsido okazis de la 24-a ĝis la 26-a de Septembro 2001 en Pekino kaj difinis kiel prioritaton la perfektigon de la laborstilo de la partio.

Ĉeestis 190 membroj kaj 139 aliaj kunlaborantoj de la CK. Membroj de la Centra Komisiono pri Disciplin-inspektoj kaj sekciestroj partoprenis en la plenkunsido sen voĉdonrajto. La plenkunsido estis gvidata de la ĝenerala sekretario Jiang Zemin, kiu ankaŭ faris gravan paroladon.

La plenkunsido konstatis, ke Ĉinujo estis enirinta novan disvolvoperiodon, en kiu starigendas pli bona socio kaj irendas klara paŝo antaŭen survoje al modernigo. En realigo de ĝiaj celoj de unuigo kaj gvidado de la ĉina popolo kun ĉiuj ĝiaj etnaj grupoj por plia instigado al modernigo, la plenumado de reunuigo de la patrujo, la sekurigo de la mondpaco kaj la instigado de la internacia komuna disvolvado, la partio devas esti la forto, kiu reprezentas la plej progresintajn sociajn produktadfortojn, la plej progreseman kurson de Ĉinujo surkampe de la kulturo kaj la fundamentajn interesojn de la grandega plimulto de la ĉina popolo, laŭ la komunikaĵo pri la plenkunsido.

Estas imperativo por la partio antaŭenigi la grandajn projektojn koncerne la parti-disvolvadon, nome la plibonigon de la

---

kontrakton, leĝon ktp), 3. levi al pli alta nivelo; kaj en la hegela senco ĝi esprimas la dialektikan moviĝon de neniigo kaj samtempa konservado sur pli alta nivelo. -vl gvida agado de la partio, kaj la kapablon rezisti al korupto kaj al la riskoj (tentoj). La KPĈ, laŭ la komunikaĵo, ĝenerale havas bonan laborstilon. Tamen kelkaj problemoj ricevas rektan atenton. Ĉiuj membroj en pacaj tempoj devas esti atentaj kaj konsciaj, ke la plibonigo de la laborstilo de la partio nepre bezonas la studadon de la fundamentaj teorioj, de la bazaj linioj kaj de la orientadaj principoj de la partio, por povi pli forte realigi en la praktiko la "trioblan reprezentadon". Pro tio, ĉiuj partimembroj devas intense studi teorion kaj praktikon kaj flegi justecon, por plibonigi la laborstilon de la partio kaj tiel antaŭenigi la partion ideologie kaj organize.

Antaŭ ĉio la ideologia laboro necesas en la nova fazo de la parti-disvolvado. En tiu ĉi kunteksto la partio devas firme teni sin laŭ la marksismo-leninismo kaj laŭ la pensado de Mao Zedong kaj la teorio de Deng Xiaoping, kaj fine fortigi la "trioblan reprezentadon" [nome, de sociaj produktadfortoj, kulturo, sociaj interesoj -ek], kiu estas koncentrita al la ekonomia konstruado, la reformo, la disvolvado kaj la stabileco, kaj kiu igas la gvidadon fare de la partio nepre necesa. Nun kaj en proksima estonteco, lige kun la taŭga laborstilo de la partio, antaŭ ĉio necesas okupiĝi pri la pensado, studado, la laborado kaj la gvidado, kaj atenti pri la vivstilo de la funkciuloj.

Precipe temas pri:

- daŭrigo de la principo de liberigo de la menso kaj strebado por veraj ekkonoj de la faktoj same kiel antaŭmalhelpo fari la aferojn laŭ malnova maniero;
- daŭrigo de la principo de konservado de la ligo kun la amasoj kaj de antaŭmalhelpo de formalismo kaj burokratismo;
- daŭrigo de la principo de la demokratia centralismo kaj de antaŭmalhelpo kontraŭ dogmismo kaj inerteco (pigreco);

- daŭrigo de la parti-disciplino kaj de antaŭmalhelpo kontraŭ larĝanimeco (senzorgemo);
- daŭrigo de la justeco kaj pureco kaj de antaŭmalhelpo de potenc-misuzo;
- daŭrigo de la principo de streĉa laboro kaj luktado kontraŭ ĝu-avido (hedonismo); kaj
- daŭrigo de la principo de subteno al funkciuloj laŭ iliaj kapabloj kaj antaŭmalhelpo de ofica misuzo ĉe la subtenado de funkciuloj.

La plej granda danĝero por marksista partio konsistas en malproksimiĝo disde la popolo. La popolo estas la fort-rezervo de la partio kaj la fundamento de ĝiaj sukcesoj. Sen la subteno fare de la popolo la kurso de la partio kaj ĉiaj ĝiaj klopodoj estus sensencaj.

La KPĈ ĝustatempe formas kapablajn kaj spertajn generaciojn de gvidaj fortoj. Tiel ekz-e al la politika buroo de la centra komitato sub la ĝenerala sekretario Jiang Zemin apartenis kiel membroj la sekva ĝenerala sekretario Hu Jintao, la nuna ĉefministro Li Keqiang kaj la nuna ĝenerala sekretario Xi Jinping.

Dum la 30 jaroj, kiuj fluis post la citita taskado, praktike kvar kvinjarplanoj de disvolvado de la ekonomio kaj de la – sur ĝi baziĝantaj – ceteraj niveloj kaj kampoj de la socialisma socia ordo estis sukcese realigitaj.

La Popolrespubliko Ĉinujo kun siaj proks. 1,4 miliardoj da loĝantoj[95] (pli ol 50 naciecoj) sur teritorio de la grando de Eŭropo, sub la gvidado de sia relative malgranda komunista partio (kun proksimume 90 milionoj da membroj) evoluis al la dua plej granda ekonomio de la mondo kaj ĉi-rilate ekde 2028 superos Usonon. Tio estas *reala* socialismo, plej

95 Tio estas 1400 milionoj. Por kompari ni indiku, ke la Eŭropa Unio havas proksimume 400 milionojn kaj Usono proks. 350 milionojn da loĝantoj.

energia disvolvo-helpo kaj plej forta pac-garantianto de la 21-a jarcento.

***

Pri la aŭtoro

En Ĉinujo ekzistas unua eldono de la verkoj de Markso kaj Engelso en 70 volumoj, kiu estas traduko de la 2-a rusa verk-eldono, do traduko de traduko. En la 1970-aj jaroj la Centra Komitato de la Socialista Unuec-Partio de Germanujo decidis, post la ĝis tiam plej ampleksa germanlingva, 40-voluma eldono de la *Marx-Engels-Werke* (MEW) nun daŭrigi la en la 1930-aj jaroj interrompitan originallingvan *Marx-Engels-Gesamtausgabe* [Markso-Engelso-Ĉiomeldono]-n.

Post kiam la esplorgrupo, gvidata de la aŭtoro de tiu ĉi kontribuaĵo, en Erfurt kaj Mühlhausen/Turingujo en la jaro 1983 eldonis la volumon II/5 kaj en 1989 la volumon II/8 de la MEGA-2 kaj la volumo II/15 estis komencita (ĝi aperis en 2004), li estis invitita en Pekino helpi kiel eksterlanda specialisto por eldoni la duan ĉinan eldonon de la verkoj de Markso kaj Engelso en pli ol 70 volumoj surbaze de la MEGA-2. Tiun laboron Eike Kopf komencis en la jaro 1997.

Kiel habilitaciita altlerneja profesoro li faris en Pekino ĉiusemajne prelegojn pri la historio de la teorio de la scienca socialismo por la tradukistoj postsekvantaj el la ĉinaj universitatoj kaj altlernejoj. Ekde 2001 li krome laboris kiel redaktisto de la germanlingva versio de la registara raporto al la Nacia Popolkongreso, kiu komenciĝas ĉiujare ekde la 5-a de Marto en la Granda Halo de la Ĉina Popolo en Pekino. Per tio – ankaŭ per prelegoj en diversaj provincoj – pli konkretaj enrigardoj en tiu granda, histor- kaj estonto-riĉa “Regno de la mezo” fariĝis eblaj.

Redaktejo de la revuo Marxistische Blätter [Marksismaj folioj]

BIbliografio de cititaj MAS-libroj

laŭvice de la MAS-numeroj

13 Karlo Markso: Kritiko de la Gotaa Programo. Kun antaŭparolo de Frederiko Engelso, la letero al Bracke kaj la letero de Engelso al Bebelo. Tradukita de Vilhel mo Lutermano. Embres-et-Castelmaure, Monda Asem bleo Socia (MAS), 3-a eld., 2016, 44 paĝoj, ISBN 978-2-36960-072-5.

17 Karlo Markso: La mizero de la filozofio. Respondo al Prudono: „La filozofio de la mizero". Kun antaŭparo loj de Frederiko Engelso kaj de Henri Mougin: Pri J. P. Prudono (Letero al J. B. v. Schweitzer). Tradukitaj de Vilhelmo Lutermano. Embres-et-Castelmaure: Monda Asembleo Socia (MAS),, 2009, 200 paĝoj, ISBN 978-2-918300-08-3.

44 Karlo Markso: Kontribuaĵo al la kritiko de la hegela jurfilozofio. Enkonduko; Kontribuaĵo al la kritiko de la politika ekonomio. Antaŭparolo. Kun teksto de Jozefo Ŝlejfŝtejno. Elgermanigitaj de Vilhelmo Luter mano Monda Asembleo Socia (MAS), 2010, 44 paĝoj, ISBN 978-2-918300-38-0.

56 Frederiko Engelso: Ludoviko Fojerbaĥo kaj la fino de la klasika germana filozofio. Elgermanigita de Vilhel mo Lutermano. Embres-et-Castelmaure, Monda Asembleo Socia (MAS). 2011, 57 paĝoj, ISBN 978-2-9183 00-48-9.

100 Karlo Markso kaj Frederiko Engelso: Manifesto de la Komunista Partio kun enkonduko de *Eric*

Hobsbawm. Tradukitaj de Vilhelmo Lutermano. Embres-et-Castel maure: Monda Asembleo Socia (MAS),, 2015, 126 paĝoj, bindita, ISBN 978-2-36 960-015-2.

166 Karlo Markso: La kapitalo. Kritiko de la politika ekonomio, vol. 1, La produktadprocezo de la kapitalo. 3-a eld. Elgermanigita de Vilhelmo Lutermano. Em bres-et-Castelmaure: Monda Asembleo Socia (MAS), 2016. 924 paĝoj, bindita. ISBN 978-2-36960-071-8

278 XI Jinping: Parolado okaze de la centjariĝo de la Ĉina Komunista Partio; CHENG Enfu: Kvincent jaroj da socialismo el ĉina vidpunkto (intervjuo). Tradukitaj el franca resp. germana traduko de Vilhelmo Lutermano. Embres-et-Castelmaure: Monda Asembleo Socia (MAS), 2021, ISBN 978-2-36960-300-9.

Notoj

Citaĵoj

Citaĵoj aperas ĝenerale inter “citiloj”, citaĵoj ene de ĉitaĵoj inter «citiloj».

Mallongigoj

divl.	= diversloke
ekz-e	= ekzemple
ekz-ero	= ekzemplero
F.E-	= Frederiko Engelso
K-io	= Kompanio
l.c.	= loko citita
n-ro	= numero
p.	= paĝo(j)
s	= sekva (ekz-e post indiko de paĝnumero)
sj	= sekvaj
sl. (aŭ:) saml.	= samloke
s.l.	= sen indiko de (aper)loko
v.c.	= verko citita

vd	= vidu
vol.	= volumo(n)

Piednotoj

Piednoto ĝenerale estas de la aŭtoro de la teksto, al kiu ĝi estas ligita. Aliokaze la aŭtoro de piednoto estas signita per sia siglo. Vidu sub *sigloj*.

Sigloj

-ek	Eike Kopf
-km	Karlo Markso (resp. Karl Marx)
-mew	Marx-Engels-Werke (la verkaro de Markso en la germana)
-vl	Vilhelmo Lutermano

Titoloj

Titoloj de libroj en bibliografiaj indikoj aperas senemfaze, ene de tekstoj jen kursive, jen inter citiloj.

Enpaĝigita de MAS per LibreOffice 6.0.7.3 sub Linukso Ubuntu 18.4.10 en paĝoj de 14 · 21,60 cm, marĝenoj de interne 1,4 kaj ekstere 2,16 cm; litertiparoj Liberation Serif 12 (teksto) kaj 10 (piednotoj).

Presita en la Eŭropa Unio en la jaro 2022

www.ingramcontent.com/pod-product-compliance
Ingram Content Group UK Ltd.
Pitfield, Milton Keynes, MK11 3LW, UK
UKHW021127260726
13994UKWH00001B/27

9 782369 603047